너는 꽃으로 피어라
나는 잎으로 피리니

너는 꽃으로 피어라 나는 잎으로 피리니

손수진 시집

시와사람

시인의 말

그가 아니면 그 무엇도 아닌
11월의 오후 세시
무언가를 시작하기엔 늦었고
그렇다고 포기하기엔 이른 시각
지금 내가 서있는 자리
그럼에도 불구하고
내게 주어진 시간을
사랑한다

무안에서 자리 잡고 살면서
그냥 흘려보내기에는 너무나 아름다운
풍경과 일상, 그리고 사람들!

2020년 11월
손수진

_ Contents

시인의 말

제 1장 - 풍경과 자연

15 백련
16 갯벌
19 남산
20 바람의 언덕
22 벚꽃길
24 복길항
25 노을
26 쉼
28 바람이 만드는 꽃
31 톱머리 바다
32 가을
34 결
36 누굴까?
39 오강섬
40 사랑은 서로를 닮아 가는 것
42 맞짱

44 결2
46 월담
49 철소제길
50 사랑은 그래요
52 사람의 일이란

제 2장 - 사람과 음식

56 너는 꽃으로 피어라 나는 잎으로 피리니
58 연밥
60 탕탕이
63 탄도
64 토닥토닥
66 공항
67 차 한 잔 나눠 마시며
68 알고 있니?
70 보고 있나요 저 달
72 사랑은 별이 되어
75 고백
76 행님, 그물을 올릴까요?
79 폭설
80 여그가 내 평생직장이여

82	소통
84	슬픈 소식
87	담
88	숭어회
90	황토 고구마
92	아시래 염전
94	숨!

제 3장 - 무안, 그리고 전라도 이야기

96	귀얄무늬 분청
98	도리포
100	느러지
102	소금꽃
104	평선아!*
106	회산에 가서
108	복길선창
110	꿈여울 이야기
112	낙지 잡는 시인
114	가을에 피는 벚꽃
116	결3
118	관매도

120 꽃섬
122 홍교
124 어떤 유배
127 다순구미 풍경
128 달머리
130 나중이란 말
132 문득이란 말
134 뿌리
136 짠 ~한말
137 시간
138 11월에 부치는 편지

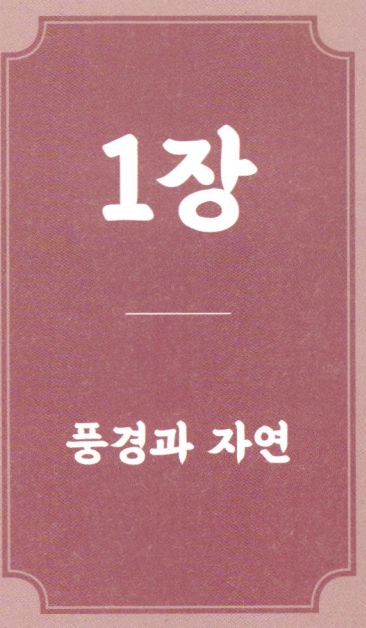

1장

풍경과 자연

백련 / 갯벌 / 남산 / 바람의 언덕 / 벚꽃길 / 복길항 / 노을 / 쉼 / 바람이 만드는 꽃 / 톱머리 바다 / 가을 / 결 / 누굴까? / 오강섬 / 사랑은 서로를 닮아 가는 것 / 맞짱 / 결2 / 월담 / 철소제길 / 사랑은 그래요 / 사람의 일이란

일로 회산 백련지

백련

푸른 새벽
진한 향기를 앞세우고
초록 옷을 입은
십만의 호위병을 거느리고
소란스럽지 않게
조금은 수수하게
그러나 진중하게
새벽이슬 밟으며 오고 있는
흰 옷 입은
당신, 누구신가

갯벌

짱뚱어, 운저리, 게 같은
가장 낮은 곳에 사는 생물들의
눈이 머리 위에 달린 것은
먼 곳을 보기 위함이라지요

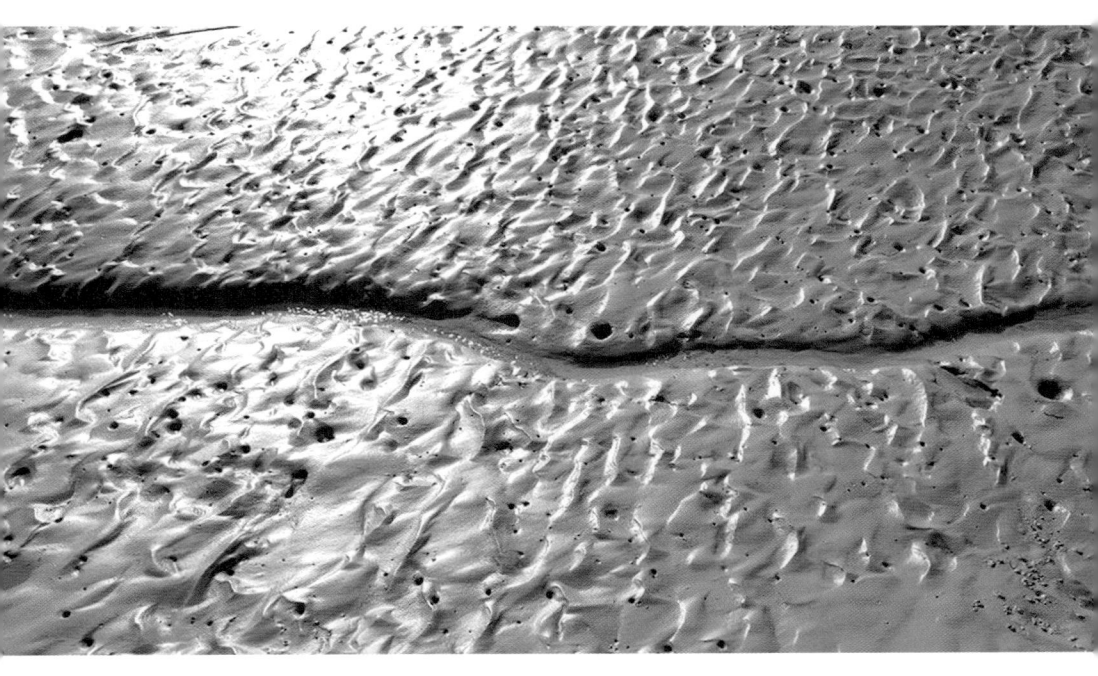

무안군 해제면 도리포

무안읍 남산

남산

남산 팔각정에 올랐을 때
전화벨이 울렸다 어디냐고
남산이라 말했더니
서울? 아니면 경주? 라고 묻기에
남산이 어디 서울이나 경주에만 있겠느냐고
무안에도 남산이 있어
이곳에 오르면
멀리 서해 낙조와 영산강 물굽이가 일품이라 일러줬다

바람의 언덕

바람의 언덕
해제 갯벌랜드에서 도리포로 넘어가는 해안도로
자살특공대처럼 달려드는 눈보라
그럼에도 불구하고
꿋꿋하게 견디는 저 들판의 푸름은 무엇인가
양파, 마늘 구근을 끌어안고
양배추 뿌리에 젖줄을 대고 있는
붉은 땅
어머니!

무안군 해제면 도리포

벚꽃길

꽃잎이 날립니다
아니,
꽃잎이 날리는 것이 아니라
나무가 몸을 흔들어
꽃잎을 날려 보내고 있습니다
가볍게 나뭇가지를 흔들며
훌훌 날아가는 뒷모습을
오래도록 지켜보고 있습니다.

무안군 현경면 벚꽃도로

복길항

당신은 거기에서
나는 여기에서
노을이 바다로 스며들기 전
우리는 만나야 했습니다.

무안군 청계면 복길리

노을

너무 뜨거워서
가까이 다가가면 타버릴 것 같아서
한사코 몸을 숨긴
내 지난날의 사랑처럼
태양은 그렇게 마지막 빛을 짜내어
하늘도 바다도 붉게 물들이고 있는지

무안군 해제면 송석리

쉼

손금처럼 펼쳐진 물굽이 속에
다가오는 모든 것들은
빛의 방향에서 반짝이고
펄 위에 기우뚱 등 기대고 있는
무안호도 지금은 쉬고 있는 중입니다
잠시 후 멀리 나갔던 물이 들어오면
저 배도 출항을 하겠지요.

무안군 망운면 조금나루

바람이 만드는 꽃

소금알갱이 속에 고요하게 안장된
바람과 햇볕의 결정체
가장 고통스러운 날에
가장 영롱한 결정체가 만들어 진다지요

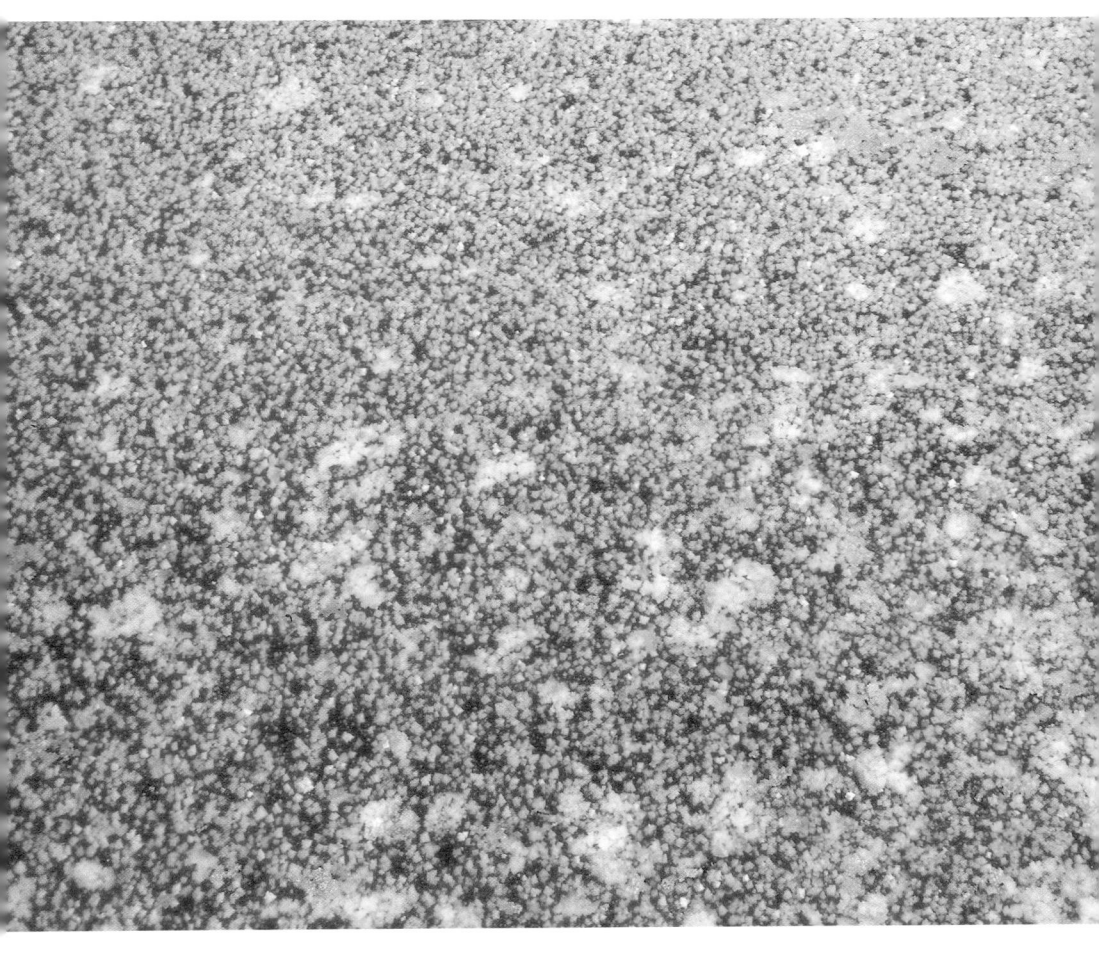

무안군 해제면 아시래염전

톱머리 바다

바다와 맞닿은 하늘이 붉게 물들어
섬세하고 부드러운 물주름 사이
관능의 빛이 켜켜이 쌓이고

애처로운 갑옷을 입은
손톱만한 콩게가 치켜든 집게발로
지키고 싶은 것은 무엇인가

갯지렁이가 온몸으로 쓰고 있는
난해한 문장들을
잔물결이 와서 읽고 가는

가을

시원의 오후 네 시는 인생의 가을과 닮아 있어요.
망개나무 열매 붉은 그 길에 스치듯 한 사람이 지나갑니다.
그에게서 나던 마른풀 향기를 오래도록 기억하게 되더라도
그 사람을 불러 세우는 우를 범하지는 말아야겠습니다.

결

밤새 수 만 번 접었다 펴기를 반복한 마음의 흔적

누군가 ?

세상에 이처럼 아름다운 그림을 모래위에 그려 놓은 이

1장 풍경과 자연 37

무안군 망운면 노을길에서 바라본 오강섬

오강섬

누가 이름을 지었을까요
오강을 닮았나요? 그러고 보니 그렇기도 하군요
물이 들면 섬이 되고, 물이 빠지면 육지가 되는 곳
노을길을 따라 곱게 해당화가 피었습니다.

사랑은 서로를 닮아 가는 것

하늘도 호수도 파랑
고요한 수면 위로 산 그림자가 내려와 있습니다.

당신이 말했던가요?
사랑은 서로 닮아 가는 것이라고

이 고요한 산속에 그림처럼 호수가 앉아있을 줄 누가 알았겠습니까.
햇살 좋은 가을 날 찾아가서 멍때리기 좋은 곳입니다

몽탄면 달산저수지   *몽탄면 달산리(법천사 가는 방향)

맞짱

저 작은 게가 집게발을 치켜들고 지키고 싶은 것은 무엇인까요?
비굴하지 않습니다.
도망가지도 않습니다.
숨지도 않습니다.
당당합니다.
덤빌 테면 덤벼보라는 거지요
한판 붙어 보자는 거지요
세상에서 제일 무서운 게 목숨 거는 거라는데……
무섭습니다.

결2

욕심도 미움도 다 내려놓고
마음이 잔잔할 때에야 비로소 보이는 것이
결입니다
물결도, 바람결도, 마음결도 ······
패잔병처럼 오늘 여기에 와서야
보이는 결이 있습니다.
늘 있는 듯 없는 듯 결을 지켜 주는
당신의 숨결입니다.

원담

연산강가 태크길에 원담을 시도 하는 녀석들이 있습니다.
은근 슬쩍 사람이 다니는 길에 자기도 한발 들여놓고 시치미를 땝니다.
찔레꽃 향기 한가득 엎질러 놓고,
누가 원담을 하고도 이렇게 환하게 웃고 있는 녀석을 나무랄 수 있을까요

영산강 테크길

철소제길

인생이라는 여행길 위에
많은 사람을 만나고 또 헤어지고
함께 걷기도 하고 또 멀어지기도 하고
상처 받고 또 위로도 받겠지만
이 시간만은 우리 꽃길이었음 해요

사랑은 그래요

별로 웃을 일 아닌데도 자꾸 웃음이 나잖아요.

사람의 일이란

원하지 않아도 기어이 일어나는 일들이 있지
그때는 피하기보다는
순순히 받아들이는 지혜도 필요할거야

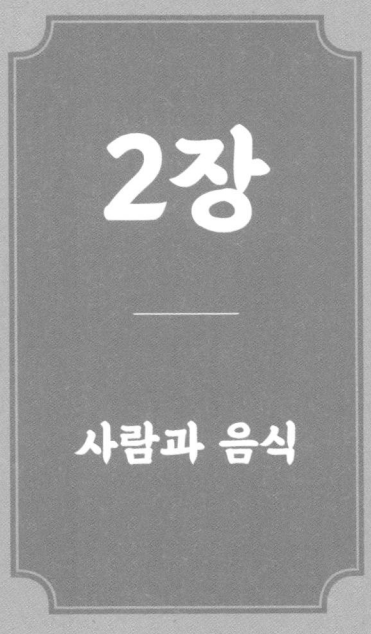

2장

사람과 음식

너는 꽃으로 피어라 나는 잎으로 피리니 / 연밥 / 탕탕이 / 탄도 / 토닥토닥 / 공항 / 차 한 잔 나눠 마시며 / 알고 있니? / 보고 있나요 저 달 / 사랑은 별이 되어 / 고백 / 행님, 그물을 올릴까요? / 폭설 / 여그가 내 평생직장이여 / 소통 / 슬픈 소식 / 담 / 숭어회 / 황토 고구마 / 아시래 염전 / 숨!

너는 꽃으로 피어라 나는 잎으로 피리니

붉은 꽃
무더기, 무더기

너는 꽃으로 피어라
나는 잎으로 피리니

그래도 뿌리는 하나이니
서러워는 말고

무안읍 물맞이 공원 꽃무릇

연밥

일로오소, 일로오소
내 밥 같이 나눠먹세
각설하고 다가가 보니
연못 속에
마른발목 썩어드는 줄 모르고
사리 같은 고봉밥 들고 섰는
저 귀하신 이, 누구신가

탕탕이

어여와 이리 쪼까 앉소
뭔 일 있었당가 어찌 자네 얼굴이 못쓰게 됐네
너무 걱정 마소
지나고 보믄 그까이꺼 암껏도 아녀
어여 이리 앉어서 요것 쪼까 먹어 보소
힘이 뿔깡 날팅게
요놈을 먹으믄 주저앉은 소도 벌떡 일어난다 안카등가
긍게 요 탕탕이 한입 묵고 다 털어 부소

탄도 바닷가 둘레길

탄도

아픔도 슬픔도
미움도 갈등도
막무가내로 무장해제 시켜 버리는
물새의 발자국과 고라니의 발자국이
춤추는 해변
오직, 사랑만이
여울처럼 흘러드는 곳

토닥토닥

당신!
괜찮은 거죠?
별일 아니예요
걱정하지 말아요.
곧 지나갈 거예요.

무안군 망운면 톱머리

공항

유도등 깜박이는 활주로에
차가운 달빛이 내리고
창포호 위로 일렁이는 불빛아래
부르지 못할 당신의 이름을
목 놓아 불러본다.

창포호에서 바라본 공항 풍경

차 한 잔 나눠 마시며

우리함께 나눠 마신 茶는
피가 되었을까요.
숨결이 되었을까요.
서로를 생각하는 따듯한 마음이 되었을까요.
아니면 각자의 몸 안에서 손톱발톱으로 자라고 있을까요

알고 있니?

뽑힐지언정 결코 굽히지 않는 저 푸르고 매운 근성
발에 신을 벗고 속치마도 걷어 올리고 천천히 달빛을 향해 걸으면
발가락 끝에서 아랫도리로 전해지는 둥글고 묵직한 전율에
입 안 가득 풋살구 같은 침이 고이는 거
알고 있니?

양파꽃

보고 있나요 저 달

달은 별빛을 먹고 배가 부풀어 오른다고 했던가요.
아!
달이 둥글어 질수록 주변의 별들이 사라지는 이유가 그거였군요.

사랑은 별이 되어

당신의 빈 무덤에 술을 따르고
사의찬미라도 목놓아 부르고 싶은 날
울울 창창 삼나무 숲엔 웅웅 바람이 일고
은사시 나무 흰 뼈가 시리게 가슴에 박히는데
당신들의 푸른 혼은
지금, 어느 하늘에 별이 되어 반짝이는지

청계면
* 1926년 8월 4일 사의 찬미를 부른 윤심덕과 현해탄에 몸을 던진 극작가 김우진 초혼묘

고백

아!
사랑한다는 말을 이렇게도 하는군요.
사랑은 그런 건가요?
함께 있으면 이렇게도 눈 깜짝할 사이 시간이 흘러가는 건가 봐요.

행님, 그물을 올릴까요?

행님, 물때가 좋습니다.
그물을 올릴까요?
그려, 모두 힘을 합쳐 그물을 당겨 보세
크미, 숭어가 겁나 잡혀부렀습니다 행님!!
노을도 붉콰하게 달아오르는 톱머리 바다

망운면 피서리 (톱머리 바다)

폭설

눈은 폭폭 내려쌓여 길을 지우는 저녁
난로에 불을 지피고 찻물을 끓인다.
길은 이미 지워진지 오래
당신은 쉬이 내게로 오는 길을 찾지 못하고
창밖에는 하염없이 눈이 내리고
멀리 여우난 골에는
아직도 흰 당나귀가 응앙응앙 울려나

여그가 내 평생직장이여

여그가 내 평생 일터고
직장이여
여그서 나는 것 가지고
자석들 공부시키고
평생을 살았제

무안읍 평용리

소통

이웃이
바람 잘 통하는 길목에 나와 마늘씨를 깝니다.
오고 가는 사람들이 다가와 손을 넣습니다.
자연스럽게 살아가는 이야기가 오고 갑니다
이야기는 주제 없이 넘나들고
여기에서는 푸념도 넋두리도 흉이 되지 않습니다.

제비가 낮게 나는 걸 보니 비가 올 것 같습니다.

슬픈 소식

잔잔한 호수를 향해 등을 보이고 있는 두 사람이 있습니다.
어디서 왔느냐고 물으니 그냥 멀리서 왔다고만 합니다.
호수가 아름답고 평화롭다고 합니다.
학 한 마리가 낮게 호수 가운데 있는 작은 섬에 날아듭니다.
산 그림자도 내려와 잔잔한 호수를 들여다봅니다.
노란 꽃창포 꽃말을 찾아보니 뜻밖에도 슬픈 소식입니다.
고요 속에 개개비 소리만 들리는 오월입니다.

몽탄면 감돈 저수지 노란 꽃창포

담

긴 그림자를 끌고
물일 나간 여자가
오래도록 뻘에 잠긴 발을 빼고 돌아와
바지락을 담은 망태를 내려놓고

엉거주춤 허리를 펴면
여자의 몸속 깊은 곳에서
깊고 아득한
휘파람 소리 들리고

하루 종일 햇살을 받아
자기의 몸을 따뜻하게 데우고
잠시 기대앉아 숨을 고르는 여자의
언 등을 녹여 주는 또 하나의 등이 있다

숭어회

숭어의 흰 살결에 새겨진
붉은 문장은
오직,
그것을 새겨 놓은 파도만이 해독할까

황토 고구마

첫사랑처럼 달달하고
첫 키스처럼 부드럽고
첫눈처럼 녹아내리는

무안,
황토 땅에 뿌리내린
다산의 여왕

줄줄이 달려 나온
알알알알 찰밤
토글토글 닭수

아시래 염전

너무 멀어서
아실아실하게 바라다 보인다 해서
아시래 염전이라 했다던가요.
그곳에는 햇살에 검게 탄 엄마와 아들이
소금처럼 살아가고 있습니다.

숨!

아무리 꽁꽁 언 호수도
숨구멍 한 개 쯤은 있는데요
가장 힘들고 절망스러울 때
숨구멍 같은 당신이 있어 다행입니다.

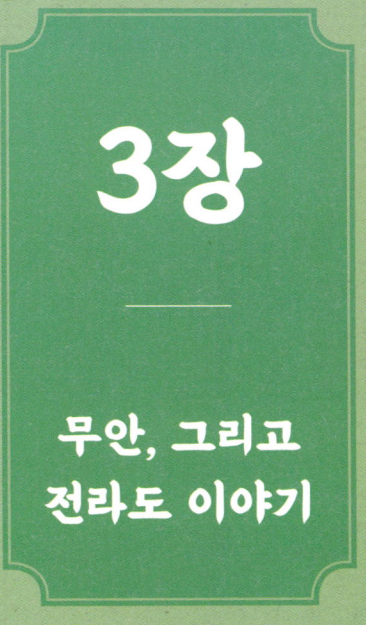

3장

무안, 그리고 전라도 이야기

귀얄무늬 분청 / 도리포 / 느러지 / 소금꽃 / 평선아! / 회산에 가서 / 복길선창 / 꿈여울 이야기 / 낙지 잡는 시인 / 가을에 피는 벚꽃 / 결3 / 관매도 우실 / 꽃섬 / 홍교 / 어떤 유배 / 다순구미 풍경 / 달머리 / 나중이란 말 / 문득이란 말 / 뿌리 / 짠 ~한말 / 시간 / 11월에 부치는 편지

귀얄무늬 분청

거칠고 투박하고 억척같은 가시내
적토에 뿌리내린 양파 같이
매운 근성 지닌 가시내
찻잔도 되고, 주발도 되고
때론 항아리 같이 웅숭깊은 기질을 품은

도공의 딸로 태어난 가시내

시집가는 날
차마 민낯으로 가기 부끄러워
아껴둔 백토 분 손수건에 묻혀
아버지 몰래 얼굴에 찍어 바르고
가마 속으로 걸어들어간
순하고 착한 원선이 그 가시내

흰 물새 한 마리
허공을 가르고 날아간
노을 진 바닷가
열사흘 희미한 낮달로 떠서

봉긋한 아랫배 쏟어내리며
물결무늬로 울던
귀얄무늬 그 가시내

월선리 김문호 선생님 작품

도리포

어느 날부터 어부의 그물에 하나 둘 걸려 나오는
범상 찮은 물건들이 있었더란다.
바다에서 건진 그릇은 죽은 자의 것이라
보이는 족족 발로 밟아 부숴 버렸더란다.
더러는 턱이 깨어진 그릇을 개밥그릇으로 쓰는 이도 있어
어느 날 눈 밝은 개장수가 그 진가를 알아보고
깊은 바다 속에 보물이 있다는 게 세상에 알려졌더란다.

700년 전 탐진 땅에서 고려청자를 만드는 도공이 있었더란다.
그가 굽는 비취색 상감청자는 구름으로 봉황으로 모란으로 연꽃으로 피어났더란다.
그 그릇을 왕실로 보내라는 명을 받고 수백기의 그릇을 나룻배에 싣고 서해를 따라 개경으로 가는 길이었더란다.
해제 출신 송 아무개라는 도공은 해제연안을 지난다는 말을 듣고 아내의 얼굴이 보고 싶었더란다

그는 아내의 손을 잡고 꼭 돌아오마 약속하고 집을 떠났더란다.
그날부터 여인은 칠산바다가 보이는 바위에 올라가
정안수 떠놓고 서방님의 무사 귀환을 빌고 또 빌었더란다.

그날, 구월 열사흘 달빛은 바다위에 부서져 내리는데 심상치 않은 바람
이 서쪽에서부터 불어오고 있었더란다.

지금도 도리포에 가면
작은 바위섬에 먼 바다를 보며 남편의 무사귀환을 바라며
빌고 있는 여인이 있고 그 여인의 곁에는 언제부터인지
소사나무 한 그루가 자라 그 여인을 지키고 있다는 구나

느러지
- 홍어장수의 사랑노래

흑산도,
폭풍우 속에서도 홍어가 많이 잡혔소
당신에게 가는 길은 멀어
사나흘이 지나니 홍어 삭는 냄새가
끈~ 하게 올라오고
당신 생각 더욱 간절하오
자욱한 물안개가 피어오르나
낯선 강바람이 아직은 찬 이월이오
여윈 달은 서쪽 하늘에 걸려 있고
별은 아직 총총하게 빛나고 있소
멀리 반짝이는 등대불이 뱃길을 안내하지만
영산강 허리를 휘감아 도는 물살은 거칠기만 합니다
내가 온다는 것을 알 길 없는 당신은
깊이 잠들어 있을 테고
내가 당신을 깨우는 일은
노로 뱃전을 두드리며 노래를 부르는 일이오
안개 속에 로렐라이의 노랫소리처럼
내 노래는 꿈결에 흘러 당신 귓가에 스며들고
당신은 버선발로 달려 나오겠지요

내가 몇 날 밤낮을 노 저어
이 포구에 닿는 것은
오직 당신에게 가기 위함입니다.

* 옛날에는 느러지 마을에 포구가 있고 주막도 있어, 이 곳을 지나는 배들이 배를 매어놓고 쉬어
  가기도 했다는 곳 그래서 지명이 배매라는 설이 있음

전망대에서 바라 본 느러지(한반도 풍경)

소금꽃

바다에서 바람이 불면
사람들은 소금이 온다고 했다
때로는 잔잔하게
때로는 소용돌이치며
여자의 몸속에는 언제나 바다가 출렁거렸다

치마폭으로 바다를 퍼 담아
햇살아래 펼쳐두고
물결이 가라앉길 조용히 기다리던 여자
그 여자의 머리에 무더기, 무더기 꽃이 피었다
하얀 소금꽃이 피었다

증도 태평염전

평선아!*

깊은 바다 속에서
외로움이 너로 하여 이리도 단단한 뼈를 키우게 했던 것이냐
약 콩 같은 너의 까만 눈은 무엇을 보고 살았던 것이냐
뽀루퉁하고 새치름한 작은 입으로는
귀여운 앙탈이라도 부리고 싶었던 것이냐
수만 번의 파도가 다녀가는 동안
몸속에는 켜켜이 쌓였을 외로움이 눈물겹다

너의 살점이라도 떼어 먹이고 싶을 만큼
애달픈 사랑이라도 있었던 것이냐
그런 목숨 건 사랑 앞에
샛서방 고기면 어떻고 금풍생이라는 이름이면 또 어떻겠느냐
그 옛날 나라를 구한 장군이 너의 이름을 평선이라 지었다지
평선아!
오늘 나는 거문도에 들기 전
너의 단단한 등뼈 사이를 더듬어
희고 단 살결을 미친 듯이 찾고 또 찾는다.

* 여수에서 금풍생이 또는 샛서방 고기라 부르는 생선

회산에 가서

새도 허공에서 공출공출 울고 다니던 때가 있었다는데
나락이 익어 고개 숙여도
나락까시락처럼
허기진 종(種)들이 살고 있었다는데
부두에서 실려 가는
형제의 목숨 줄
차마 내 손으로 실어 보낼 수 없어
왜놈 순사 때려눕히고
천사촌으로 들어와 천사가 되었다던가
그이는
입이 있어도 말하지 못하던 종(種)들이
어느 날 입이 틔어
품, 품, 품, 품바, 품바
입으로 방귀를 뀌며
허기진 삼베고쟁이에 빠지는 바람처럼
세상을 받아래 두고
주린 배 허공으로 채우며

양쪽에 천사들을 거느리고

입방귀 뀌며 떠돌 때
일로오소, 일로오소
내 밥 같이 나눠 먹새
각설하고 다가가 보니
연못 속에
마른발목 썩어드는 줄 모르고
사리 같은 고봉밥 들고 섰는
저 귀하신 이, 누구신가

복길선창

선창가 횟집 창가에 앉아
붉게 타는 저녁노을 보고 있으면
자꾸 눈물이 난다
울며 나는 바닷새 울음에는 아릿함이 배어 있고
지는 해를 보며 사람들은 탄성을 지르는데
나는, 목울대를 타고 올라오는 덩어리를 자꾸
쓴 소주로 밀어 넣는다
바다는 처연히도 붉고
술기운 탓인가 바닷새 울음 탓인가
갈매기는 바다에서 죽은 혼을 물고 뭍으로 날아온다는
당신의 그 말 때문인가
사람들을 굴비처럼 엮어 차디찬 물속에 밀어 버린 곳
살고자 올라오는 사람들을 죽창으로 내리찍던 바다엔
붉은 노을 만장처럼 걸리고
입술파란 사람들이 양지쪽에 모여앉아
햇살을 쬐고 있는 환영을 본다
언제쯤
이유도 모른 채 죽어간 저들의 혼을 청해
술 한 잔 따르고 진혼곡을 울릴까

복길리 바닷가

꿈여울 이야기

담양 용소에서 발원하여
350리를 돌아 바다에 닿기 전
몽탄에서 잠시 꿈을 푼다

천 년 전
왕건이 견훤과 한판 승부 겨룰 때
강물은 범람하여 빠져 나갈 수 없고
지친 군사들 꿈속으로 빠져들 때
장수도 뒤척이다 잠이 드는데
"대업을 이루려는 장군이 일기도 모르고 잠만 자려는가
여울이 낮으니 어서 일어나 강을 건너라"
놀라 깨어 보니 과연 그러하더라
군사를 이끌고 조용히 강을 건너니
마른 갈대 서걱이는 소리만 달빛 아래 가득하여라
청룡리 두대산에 올라
만석군 군량미 같은 바위에 이엉을 덮고
푸른 강물에 석회가루 뿌리니 마치 쌀뜨물 같아라
뒤 쫓아 온 견훤군 우왕좌왕 할 때
불을 문 화살 비처럼 내려

승리를 이루니
여기가 바로 파군천(破軍川)이라
천년의 역사를 가슴에 품고
황홀한 낙조 아래, 갈피리 소리 들리고
오늘도 강물은 전설을 품고
유유히 흘러라

영산강

낙지 잡는 시인

네 개의 발로 개펄을 기어 다녔다
허벅지까지 푹푹 빠지는 찰진 흙은
그의 발목을 잡고
평생을 놓아 주지 않았다
벗어나려 발버둥 치면 칠수록
더욱 깊이 빠져드는 개펄
쓴 소주병으로 병나발 불며
허공에 삿대질을 하고
악을 쓸수록
고독은 칼바람으로 얼굴을 후려쳤다
절망은 더 깊은 절망을 딛고 일어선다던가
잘려서도 꿈틀거리는 낙지의 근성을 가진 그는
뻘을 딛고 다시 일어섰다
팔목을 휘어 감는 낙지발을 움켜잡고

가을에 피는 벚꽃

국도 24호선
일곱 번째 태풍이 지나간 다음
짜장면 집을 하는 시인을 찾아 가는 길에
만난 벚꽃

무안하게도 무안,
붉은 황토에 뿌리내리고
짜장면처럼 환하게 웃는 사람 곁으로
마구마구 벙근 벚꽃

때 아닌 꽃은 어쩌자고
저리도 대책 없이 웃고 있는 것인지
송글송글 땀방울 맺힌 얼굴로
하얗게 나풀나풀 흔들리고 있는지

3장 무안, 그리고 전라도이야기 115

결3

그 물고기는 밤이면 유독 슬픈 울음을 운다는데
달 밝은 밤이면 그 울음소리는 마을입구까지 들려오고
사람의 마음을 흘리는 중저음의 소리에
여자들은 하나 둘씩 밖으로 나가
깃밭* 위 모래사장을 맨발로 걷는다는데
발바닥으로 전해지는 부드러운 결은 결국
여자들을 물속으로 뛰어들게 한다는데
민어가 울 때는 밤꽃이 필 때라던가
시루섬을 건너온 달빛은 깃밭 위에 머물러
찰랑이는 은빛 결로 몸을 끌어당긴다는데
여자의 몸에 닿았던 결은 바다 속 깊은 곳에서 우는
물고기의 살결에도 닿아
몸속에 붉고도 찰진 물결무늬가 새겨진다던가.

* 증도 우전해수욕장 (옛말)

증도 우전 해수욕장

관매도
- 우실

저쪽은 바람의 길이고 신의 길이여

돌담이 이쪽과 저쪽의 경계를 만드는 바람의 언덕
만장도 없이 상여 하나 나간다
할미중드랭이굴을 지나
하늘다리 쪽으로

아가, 아가, 울지 말그라
아무리 애달파도 여그서는 보내야 하는 거여
저쪽은 산사람의 영역이 아니랑게
네가 따라갈 수 있는 길이 아니랑게

하늘 문을 열어달라는 종잡이가 앞장서
망자대신 마을을 향해 하직인사를 하고
절벽아래는 파도가 흰 거품을 물고 달려들고
바람이 상두꾼의 허리를 휘어감는다

이 사람들아 정신들 바짝 차리게

앞선 사람이 하늘에 빈다
바람을 재워 주십사
무사히 하늘다리 건너게 해주십사

언덕에 남은 이들도 신에게 손을 모은다
우실을 나간 사람들이 무사히 돌아오게 해주십사

뱃길 백오십리
매화가 아름답다는 섬 관매도
옥황상제가 공기놀이를 하다 떨어뜨렸다는
커다란 꽁돌이 있는 바닷가 언덕
재액도, 역신도 함부로 넘어올 수 없다는 성과 속의 경계

관매도 우실

꽃섬
- 여수 하화도

먼 나라의 전설처럼 섬으로 가는 배안에서
한 번도 누구에게 꽃이 된 적 없었다는 여자가
나지막이 부르는 클레멘타인 노랫소리는
슬프고 신비롭게 햇살과 바람에 실려 꽃섬에 닿았다
삶이 속수무책일 때 간이역처럼 잠시 쉬어가고 싶은 섬
산괭이가 지나다닌다는 앞섬 장구도에서 바람이 불어오자
동백꽃은 툭, 툭 길 위에 떨어지고
여자는 한사코 땅에 떨어진 붉은 꽃송이를 피해 발을 옮기며
그 막막한 노래를 이어 불렀다
-내 사랑아, 내 사랑아 나의사랑 클레멘타인~
귀 기울이지 않으면 들리지도 않을 작은 노랫소리는
뒤따라 걷는 사람의 마음까지도 바다색으로 물들였다
내가 만약 피 뜨거운 사내였다면
바닷가 양지쪽언덕 지붕 붉은 집 방 한 칸 얻어
서로에게 꽃이 되어 삼년만 그렇게 살아보자고
하얀 찔레꽃 같은 여자의 손을 잡아끌고
뭍으로 가는 막배를 의도적으로 놓치고 싶었다
서로의 가슴에 비밀하나씩 품고
익어가거나, 혹은 낡아가도 좋지 않겠냐고 말하고 싶었다

홍교

서로의 마음을 잇대어
그대는 그쪽에서
나는 이쪽에서
마음을 쪼개어 각을 뜨고
몸과 몸을 잇대어 아치형 체형을 만들고
서로를 버티며, 서로를 견디며
서로의 힘이 되어
완성된 무지개다리
그 아래로 바람이 지나가고
물길이 지나가고
물에 비친 서로의 모습만
천년을 바라보고
천년을 더 견뎌도 좋을
어여쁜 사람아

선암사 홍교

어떤 유배
- 나주 정도전 유배지에서

사랑아 우리 유배를 가자
스스로 죄인이 되어
삼년만 그렇게 살아보자
그 옛날 삼봉 선생 같은 혁명은
꿈도 꾸지 못하니
어쩌겠나 사랑이여
골짜기로 스며들어 죽은 듯이 살 밖에
봄이면 산나물 뜯어 나물죽 끓이고
햇살좋은 날 등기대고 앉아
뻐꾸기소리나 들으며
세상에서 가장 게으르고 가난해져서
이름 없는 무장의 무덤가에 핀
붉은 싸리 꽃이나 쥐어뜯으며

다순구미 풍경

비좁은 골목에 낡은 의자 하나
햇살이 앉았다 갔는지
따스한 온기가 남아 있다
붉은 고무통에 심어진 파꽃에
붕붕 벌들이 날고
빨랫줄에 걸린 꽃무늬 바지,
알겠다
문패가 없어도
바다에 나간 지아비 기다리며
늙어가는
지어미가 사는 집인 걸

달머리
- 빨간 등대

달의 머리는 어디일까요?
달이 가장 먼저 환하게 뜨는 곳이 달머리일까요?

익숙하면서도 낯선 시간
오래도록 방치되었다가
홀로 수척해지고 싶은 날

찾아가고 싶은 곳

함께 노래했던, 당신은 없고
은빛 물 주름사이로
웃음처럼 쏟아지는 환한 햇살

나중이란 말

나중에 말고 말하기 전에 한번만 다시 생각해 봐요
그 말대로 하지 않을 거라면 나중에 라는 말을 하지 말았으면 해요
나중에 전화할게
나중에 밥 한번 먹자
나중에 또 보자 같은 말요
그 나중이 언제인지도 모른 체
무작정 전화기를 손에 들고 기다리는 사람이 있을 수도 있잖아요

문득이란 말

문득이라는 말, 그냥 떠오른 말이었을까요?
오랜 시간 고심한 끝에 간절하게 당도한 말은 아니었을까요.
어쩔 수 없는 시간을 견디고도 그 어떤 말로 대치가능한 말이 떠오르지 않아서 생각해낸 말은 아니었을까요?
그러니 문득은 그냥 흘려버릴 수 있는 말은 아닌 것 같습니다.
전생의 어느 한 계절을 건너면서 이미 예견되어 있던 말인지도 모르지요
문득 생각이 났고, 전화를 걸었다고 쳐도 그 오랜 시간 속에 숙성된 지층이 쌓여있지 않았다면 문득이 발동될 수 있었을까요?
간절하지 않아서가 아니라 비집고 들어갈 수가 없어서 막무가내의 마음을 꾹꾹 눌러두었다가 무심을 가장해서 한 말이 문득은 아닐까요?

뿌리

곁을 떠났지만
결코 헤어진 적 없고

나의 창문은 언제나 네게로 열려 있고
나의 기도는 언제나 네게로 귀결된다.

짠 ~한말

짜~안 하다는 말
참 짠해요
세상에 이보다 더 짠한 말이 있을까요
안쓰럽고 안타깝고 불쌍하고 측은한
그 모든 말을 단 한마디에 응축한 말

시간

하루치의 시간을 어김없이 내 창가에 걸어 두고 가신 당신!
이제 시간이 없다는 말은 하지 말아야겠습니다.

11월에 부치는 편지

지난 계절은 유난히도 힘겨웠습니다.
우리는 끌어당기기보다는
서로, 밀어 내기에 급급했었지요.
그러나 지금은 가을입니다.
햇살도 그 힘을 잃고 서쪽으로 스러지는 계절

뚝, 뚝 꽃잎이 지고 있습니다.
저 꽃잎도 한번은 환했던 적 있었겠지요.
생에 한번은 향기를 지닌 적 있었겠지요.
척박한 땅에서 각자의 빛깔로 피었다가 소리 없이 질지라도
누군가의 기억 속에
잊지 못할 향기로 남아 있겠지요.

바람이 붑니다.
길가에 억새도 한 방향만 보고 있습니다.
저들도 처음부터 한쪽으로만 기울지는 않았을 텐데
기어이 한 방향만 고집하는 것은
그곳에, 그리움이 있기 때문일 것입니다.

무안읍 불무공원

너는 꽃으로 피어라 나는 잎으로 피리니

2020년 10월 15일 인쇄
2020년 10월 22일 발행

지은이 | 손 수 진
펴낸이 | 강 경 호

디자인 | 박 지 원
발행처 | 도서출판 시와사람
등 록 | 1994년 6월 10일 제 05-01-0155호
주 소 | 광주시 동구 양림로119번길 21-1(학동)
전 화 | (062)224-5319
E-mail | jcapoet@hanmail.net

ISBN 978-89-5665-574-1 03810

· 이 책은 전라남도문화관광재단의 지원을 받아 제작되었습니다.
· 잘못된 책은 구입하신 서점에서 바꾸어 드립니다.
· 값 16,000원

> 이 도서의 국립중앙도서관 출판예정도서목록(CIP)은 서지정보유통지원시스템 홈페이지
> (http://seoji.nl.go.kr)와 국가자료종합목록 구축시스템(http://kolis-net.nl.go.kr)에서 이
> 용하실 수 있습니다. (CIP제어번호 : CIP2020043597)

ⓒ 손수진, 2020
이 책의 저작권은 저자에게 있습니다.
저작권에 의해 보호를 받는 저작물이므로 저자의 허락없이 무단 전재와 복제를 금합니다.